PLANNER
FALAR COM DEUS

2025

QUADRANTE

Planner Falar com Deus 2025
1ª edição — 2025

Direção geral: Renata Ferlin Sugai
Direção de aquisição: Hugo Langone
Direção editorial: Felipe Denardi
Capa: Karine Santos
Diagramação: Larissa Carvalho

Dados Internacionais de Catalogação na Publicação (CIP)

Planner Falar com Deus 2025 – São Paulo, SP: Quadrante Editora, 2025.

ISBN 978-85-7465-770-7

1. Ano litúrgico : Meditações : Cristianismo
2. Meditações : Ano litúrgico : Cristianismo
I. Falar com Deus II. Francisco Fernández-
-Carvajal III. 2025

CDD 242.3

Índices para catálogo sistemático:
1. Ano litúrgico : Meditações : Cristianismo 242.3
2. Meditações : Ano litúrgico : Cristianismo 242.3

Todos os direitos reservados a
QUADRANTE EDITORA
Rua Bernardo da Veiga, 47 – Tel.: 3873-2270
CEP 001252-020 – São Paulo-SP
www.quadrante.com.br / atendimento@quadrante.com.br

Reservados todos os direitos desta obra. Proibida toda e qualquer reprodução desta edição por qualquer meio ou forma, seja ela eletrônica ou mecânica, fotocópia, gravação ou qualquer outro meio de reprodução, sem permissão expressa do editor.

EDITORIAL

Dizia Santa Teresa de Jesus que, sempre que queria fazer oração, tomava nas mãos um livro: "Com ele, começava a recolher os pensamentos dispersos e, como por afagos, recolhia o espírito. Acontecia frequentemente que, só com ter o livro à mão, não era preciso mais. Algumas vezes lia pouco, outras muito, conforme a mercê que o Senhor me fazia" (*Vida*, IV, 9). E São Josemaria Escrivá aconselhava: "A tua oração deve ser litúrgica" (*Caminho*, n. 86). Nesses conselhos valiosos, sábios, teve origem a obra *Falar com Deus*, do Padre Francisco Fernández-Carvajal, sacerdote da Prelazia do Opus Dei e autor de muitas obras espirituais populares, já traduzidas para vários idiomas. As mais de 500 meditações que ali se encontram amparam o fiel a tornar sua — pessoal, viva — a oração da Igreja — litúrgica, tesouro comum de todos.

Cada um dos seus quatro volumes contém reflexões baseadas nas leituras litúrgicas da Missa de cada dia, e abordam uma ampla variedade de temas, tratados sob o ângulo da vida diária do cristão, das suas circunstâncias e das suas responsabilidades: o trabalho, os deveres de justiça, a alegria que deve sempre nos animar, a esperança que deve prevalecer às vicissitudes, a pureza de coração que nunca cessamos de buscar, as virtudes, a fidelidade, a caridade.

A cada ano, porém, os dias do calendário litúrgico são assinalados em diferentes datas do calendário civil.

Para facilitar o uso desse tão rico material por parte dos leitores, a Quadrante Editora se prestou a oferecer, agora, também este singelo "quinto volume", em que as referências a cada ponto da coleção *Falar com Deus* a ser meditado já se encontram dispostas pelos dias do ano de 2025.

Os quatro volumes da coleção abrangem os tempos litúrgicos do seguinte modo:

Volume I: Advento, Natal, Epifania, Quaresma, Semana Santa, Páscoa.
Volume II: Tempo Comum (Semanas I–XVIII).
Volume III: Tempo Comum (Semanas XIX–XXXIV).
Volume IV: Festas Litúrgicas e Santos.

EXEMPLO 1   Meditação 19

II-19

Volume II

EXEMPLO 2   Meditação 40,
da primeira parte (A) do Volume I

I-40A

Volume I

EXEMPLO 3   Volume IV, meditação 1

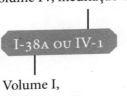

I-38A ou IV-1

Volume I,
Meditação 38
da primeira parte (A) do Volume I

No quadro cinza que acompanha cada dia do ano, os algarismos romanos apontam qual dos quatro volumes se deve tomar, seguidos pelo número arábico da meditação (exemplo 1). Para as notações do volume I, o número arábico vem seguido de uma letra, que indica uma de suas seis partes — A para o Advento, B para o Natal, etc. (exemplo 2). Quando a leitura do dia coincide com uma festa litúrgica ou de um santo, o quadro marca a meditação do tempo (volumes I a III) e dá a opção de se meditar sobre a leitura específica da festa (volume IV) — (exemplo 3).

Logo abaixo de si, cada referência está acompanhada de um pequeno espaço em branco, que não é senão, em sua simplicidade, um símbolo do espaço aberto em que, após ouvir o Senhor, damos-lhe uma resposta: ali o fiel pode firmar seus propósitos e acompanhar, dia após dia, seus próprios progressos no acolhimento da graça abundante que nunca nos é negada.

— *Dezembro de 2024*

2025

Propósitos de Ano Novo

01/01 • QUARTA
I-38A OU IV-1

02/01 • QUINTA
I-40A

03/01 • SEXTA
I-41A

04/01 • SÁBADO
I-42A

05/01 • DOMINGO

I-44A

06/01 • SEGUNDA

IV-2

07/01 • TERÇA

I-45A

08/01 • QUARTA

I-46A

09/01 • QUINTA

I-47A

10/01 • SEXTA

I-48A

11/01 • SÁBADO

I-49A

12/01 • DOMINGO

I-51A OU IV-3

13/01 • SEGUNDA

II-1

14/01 • TERÇA

II-2

15/01 • QUARTA
II-3

16/01 • QUINTA
II-4

17/01 • SEXTA
II-5

18/01 • SÁBADO
II-6 ou IV-4

19/01 • DOMINGO

II-9 ou IV-5

20/01 • SEGUNDA

II-10 ou IV-6

21/01 • TERÇA

II-11 ou IV-7

22/01 • QUARTA

II-12 OU IV-8

23/01 • QUINTA

II-13 OU IV-9

24/01 • SEXTA

II-14 OU IV-10/11

25/01 • SÁBADO

II-15 OU IV-12

26/01 • DOMINGO

II-18 ou IV-13

27/01 • SEGUNDA

II-19

28/01 • TERÇA

II-20 ou IV-14

29/01 • QUARTA
II-21

30/01 • QUINTA
II-22

31/01 • SEXTA
II-23 OU IV-15

01/02 • SÁBADO
II-24

02/02 • DOMINGO

II-27 OU IV-16/17/20

03/02 • SEGUNDA

II-28

04/02 • TERÇA

II-29

05/02 • QUARTA
II-30

06/02 • QUINTA
II-31

07/02 • SEXTA
II-32

8/02 • SÁBADO
II-33

09/02 • DOMINGO

II-36 ou IV-21

10/02 • SEGUNDA

II-37

11/02 • TERÇA

II-38 ou IV-18

12/02 • QUARTA
II-39

13/02 • QUINTA
II-40

14/02 • SEXTA
II-41

15/02 • SÁBADO
II-42

16/02 • DOMINGO

II-45 ou IV-22

17/02 • SEGUNDA

II-46

18/02 • TERÇA

II-47

19/02 • QUARTA

II-48

20/02 • QUINTA

II-49

21/02 • SEXTA

II-50

22/02 • SÁBADO

II-51 OU IV-19

23/02 • DOMINGO

II-54 ou IV-23

24/02 • SEGUNDA

II-55

25/02 • TERÇA

II-56

26/02 • QUARTA
II-57

27/02 • QUINTA
II-58

28/02 • SEXTA
II-59

01/03 • SÁBADO
II-60

02/03 • DOMINGO

II-63 ou IV-24

03/03 • SEGUNDA

II-64

04/03 • TERÇA

II-65

05/03 • QUARTA
I-1B

06/03 • QUINTA
I-2B

07/03 • SEXTA
I-3B

08/03 • SÁBADO
I-4B

09/03 • DOMINGO

I-5B OU IV-25

10/03 • SEGUNDA

I-6B

11/03 • TERÇA

I-7B

12/03 • QUARTA
I-8B

13/03 • QUINTA
I-9B

14/03 • SEXTA
I-10B

15/03 • SÁBADO
I-11B

16/03 • DOMINGO

I-12B OU IV-26

17/03 • SEGUNDA

I-13B

18/03 • TERÇA

I-14B

19/03 • QUARTA
IV-27

20/03 • QUINTA
I-16B

21/03 • SEXTA
I-17B

22/03 • SÁBADO
I-18B

23/03 • DOMINGO

I-19B

24/03 • SEGUNDA

I-20B

25/03 • TERÇA

IV-28/29

26/03 • QUARTA

I-22B

27/03 • QUINTA

I-23B

28/03 • SEXTA

I-24B

29/03 • SÁBADO

I-25B

30/03 • DOMINGO

I-26B

31/03 • SEGUNDA

I-27B

01/04 • TERÇA

I-28B

02/04 • QUARTA
I-29B

03/04 • QUINTA
I-30B

04/04 • SEXTA
I-31B

05/04 • SÁBADO
I-32B

06/04 • DOMINGO

I-33B

07/04 • SEGUNDA

I-34B

08/04 • TERÇA

I-35B

09/04 • QUARTA
I-36B

10/04 • QUINTA
I-37B

11/04 • SEXTA
I-38B

12/04 • SÁBADO
I-39B

13/04 • DOMINGO

I-40B

14/04 • SEGUNDA

I-41B

15/04 • TERÇA

I-42B

16/04 • QUARTA

I-43B

17/04 • QUINTA

I-44B

18/04 • SEXTA

I-45B

19/04 • SÁBADO

I-46B

20/04 • DOMINGO

I-47B

21/04 • SEGUNDA

I-48B

22/04 • TERÇA

I-49B

23/04 • QUARTA
I-50B

24/04 • QUINTA
I-51B

25/04 • SEXTA
I-52B OU IV-30

26/04 • SÁBADO
I-53B

27/04 • DOMINGO

I-54B

28/04 • SEGUNDA

I-55B

29/04 • TERÇA

I-56B OU IV-31

30/04 • QUARTA

I-57B

01/05 • QUINTA

I-58B OU IV-32

02/05 • SEXTA

I-59B

03/05 • SÁBADO

I-60B OU IV-33

04/05 • DOMINGO

I-61B

05/05 • SEGUNDA

I-62B

06/05 • TERÇA

I-63B

07/05 • QUARTA
I-64B

08/05 • QUINTA
I-65B

09/05 • SEXTA
I-66B

10/05 • SÁBADO
I-67B

11/05 • DOMINGO

I-68B

12/05 • SEGUNDA

I-69B

13/05 • TERÇA

I-70B OU IV-34

14/05 • QUARTA

I-71B OU IV-35

15/05 • QUINTA

I-72B

16/05 • SEXTA

I-73B

17/05 • SÁBADO

I-74B

18/05 • DOMINGO

I-75B

19/05 • SEGUNDA

I-76B

20/05 • TERÇA

I-77B

21/05 • QUARTA

I-78B

22/05 • QUINTA

I-79B

23/05 • SEXTA

I-80B

24/05 • SÁBADO

I-81B

25/05 • DOMINGO

I-82B

26/05 • SEGUNDA

I-83B

27/05 • TERÇA

I-84B

28/05 • QUARTA

I-85B

29/05 • QUINTA

I-86B

30/05 • SEXTA

I-87B

31/05 • SÁBADO

I-88B OU IV-36

01/06 • DOMINGO

I-86B OU IV-51

02/06 • SEGUNDA

I-90B

03/06 • TERÇA

I-91B

04/06 • QUARTA

I-92B

05/06 • QUINTA

I-93B

06/06 • SEXTA

I-94B

07/06 • SÁBADO

I-95B

08/06 • DOMINGO

I-96B

09/06 • SEGUNDA

II-82

10/06 • TERÇA

II-83

11/06 • QUARTA

II-84 OU IV-52

12/06 • QUINTA

II-85 OU IV-37

13/06 • SEXTA

II-86 OU IV-53

14/06 • SÁBADO

II-87

15/06 • DOMINGO

IV-38/39

16/06 • SEGUNDA

II-91

17/06 • TERÇA

II-92

18/06 • QUARTA

II-93

19/06 • QUINTA

IV-40-47

20/06 • SEXTA

II-95

21/06 • SÁBADO

II-96

22/06 • DOMINGO

II-99 ou IV-54

23/06 • SEGUNDA

II-100

24/06 • TERÇA

IV-55

25/06 • QUARTA
II-102

26/06 • QUINTA
II-103

27/06 • SEXTA
IV-48/49

28/06 • SÁBADO
IV-50

29/06 • DOMINGO

IV-56/57

30/06 • SEGUNDA

II-109 OU IV-58

01/07 • TERÇA

II-110

02/07 • QUARTA

II-111

03/07 • QUINTA

II-112 OU IV-59

04/07 • SEXTA

II-113

05/07 • SÁBADO

II-114

06/07 • DOMINGO

II-117

07/07 • SEGUNDA

II-118

08/07 • TERÇA

II-119

09/07 • QUARTA

II-120

10/07 • QUINTA

II-121

11/07 • SEXTA

II-122 OU IV-60

12/07 • SÁBADO

II-123

13/07 • DOMINGO

II-126

14/07 • SEGUNDA

II-127

15/07 • TERÇA

II-128

16/07 • QUARTA

II-129 OU IV-61

17/07 • QUINTA

II-130

18/07 • SEXTA

II-131

19/07 • SÁBADO

II-132

20/07 • DOMINGO

II-135

21/07 • SEGUNDA

II-136

22/07 • TERÇA

II-137 OU IV-62

23/07 • QUARTA
II-138

24/07 • QUINTA
II-139

25/07 • SEXTA
II-140 OU IV-63

26/07 • SÁBADO
II-141 OU IV-64

27/07 • DOMINGO

II-144

28/07 • SEGUNDA

II-145

29/07 • TERÇA

II-146 OU IV-65

30/07 • QUARTA

II-147

31/07 • QUINTA

II-148 ou IV-66

01/08 • SEXTA

II-149 ou IV-67

02/08 • SÁBADO

II-150

03/08 • DOMINGO

II-153

04/08 • SEGUNDA

II-154 OU IV-68

05/08 • TERÇA

II-155 OU IV-69

06/08 • QUARTA

IV-70

07/08 • QUINTA

II-157

08/08 • SEXTA

II-158 OU IV-71

09/08 • SÁBADO

II-159

10/08 • DOMINGO

III-162

11/08 • SEGUNDA

III-163

12/08 • TERÇA

III-164

13/08 • QUARTA

III-165

14/08 • QUINTA

III-166 OU IV-72

15/08 • SEXTA

IV-73

16/08 • SÁBADO

III-168

17/08 • DOMINGO

III-171

18/08 • SEGUNDA

III-172

19/08 • TERÇA

III-173

20/08 • QUARTA

III-174

21/08 • QUINTA

III-175 OU IV-74

22/08 • SEXTA

III-176 OU IV-75

23/08 • SÁBADO

III-177

24/08 • DOMINGO

III-18 ou IV-76

25/08 • SEGUNDA

III-181

26/08 • TERÇA

III-182

27/08 • QUARTA
III-183 OU IV-77

28/08 • QUINTA
III-184 OU IV-78

29/08 • SEXTA
III-185 OU IV-79

30/08 • SÁBADO
III-186

31/08 • DOMINGO
III-189

01/09 • SEGUNDA
III-190

02/09 • TERÇA
III-191

03/09 • QUARTA

III-192

04/09 • QUINTA

III-193

05/09 • SEXTA

III-194

06/09 • SÁBADO

III-195

07/09 • DOMINGO

III-198

08/09 • SEGUNDA

III-199 OU IV-80

09/09 • TERÇA

III-200

10/09 • QUARTA
III-201

11/09 • QUINTA
III-202

12/09 • SEXTA
III-203

13/09 • SÁBADO
III-204

14/08 • DOMINGO

III-207 OU IV-81

15/09 • SEGUNDA

III-208 OU IV-82

16/09 • TERÇA

III-209

17/09 • QUARTA

III-210

18/09 • QUINTA

III-211

19/09 • SEXTA

III-212

20/09 • SÁBADO

III-213

21/08 • DOMINGO

III-216 OU IV-83

22/09 • SEGUNDA

III-217

23/09 • TERÇA

III-218

24/09 • QUARTA
III-219 OU IV-84

25/09 • QUINTA
III-220

26/09 • SEXTA
III-221

27/09 • SÁBADO
III-222

28/08 • DOMINGO

III-225

29/09 • SEGUNDA

III-226 ou IV-85/86/87

30/09 • TERÇA

III-227

01/10 • QUARTA

III-228 OU IV-88

02/10 • QUINTA

III-229 OU IV-89

03/10 • SEXTA

III-230

04/10 • SÁBADO

III-231 OU IV-90

05/10 • DOMINGO

III-216 ou IV-83

06/10 • SEGUNDA

III-234

07/10 • TERÇA

III-235

08/10 • QUARTA
III-236 ou IV-92

09/10 • QUINTA
III-237

10/10 • SEXTA
III-238

11/10 • SÁBADO
III-239

12/10 • DOMINGO

III-243 ou IV-93

13/10 • SEGUNDA

III-244

14/10 • TERÇA

III-245

15/10 • QUARTA

III-246 ou IV-94

16/10 • QUINTA

III-247

17/10 • SEXTA

III-248

18/10 • SÁBADO

III-249 ou IV-95

19/10 • DOMINGO

III-252

20/10 • SEGUNDA

III-253

21/10 • TERÇA

III-254

22/10 • QUARTA
III-255

23/10 • QUINTA
III-256

24/10 • SEXTA
III-257

25/10 • SÁBADO
III-258

26/10 • DOMINGO

III-261

27/10 • SEGUNDA

III-262

28/10 • TERÇA

III-263 OU IV-96

29/10 • QUARTA

III-264

30/10 • QUINTA

III-265

31/10 • SEXTA

III-266

01/11 • SÁBADO

IV-97

26/10 • DOMINGO

III-261

27/10 • SEGUNDA

III-262

28/10 • TERÇA

III-263 OU IV-96

29/10 • QUARTA

III-264

30/10 • QUINTA

III-265

31/10 • SEXTA

III-266

01/11 • SÁBADO

IV-97

02/11 • DOMINGO

IV-98

03/11 • SEGUNDA

III-271

04/11 • TERÇA

III-272

05/11 • QUARTA
III-273

06/11 • QUINTA
III-274

07/11 • SEXTA
III-275

08/11 • SÁBADO
III-276

09/11 • DOMINGO

III-279 ou IV-99

10/11 • SEGUNDA

III-280

11/11 • TERÇA

III-281

12/11 • QUARTA

III-282

13/11 • QUINTA

III-283

14/11 • SEXTA

III-284

15/11 • SÁBADO

III-285

16/11 • DOMINGO

III-288

17/11 • SEGUNDA

III-289

18/11 • TERÇA

III-290

19/11 • QUARTA

III-291

20/11 • QUINTA

III-292

21/11 • SEXTA

III-293 OU IV-100

22/11 • SÁBADO

III-294

23/11 • DOMINGO

III-295

24/11 • SEGUNDA

III-296

25/11 • TERÇA

III-297

26/11 • QUARTA
III-298

27/11 • QUINTA
III-299 OU IV-91

28/11 • SEXTA
III-300

29/11 • SÁBADO
III-301

30/11 • DOMINGO

I-1A OU IV-101/102

01/12 • SEGUNDA

I-2A OU IV-103

02/12 • TERÇA

I-3A OU IV-104

03/12 • QUARTA

I-4A OU IV-105/106

04/12 • QUINTA

I-5A OU IV-107

05/12 • SEXTA

I-6A OU IV-108

06/12 • SÁBADO

I-7A OU IV-109/110

07/12 • DOMINGO

I-8A OU IV-111

08/12 • SEGUNDA

IV-112

09/12 • TERÇA

I-10A

10/12 • QUARTA
I-11A OU IV-113

11/12 • QUINTA
I-12A

12/12 • SEXTA
I-13A OU IV-114

13/12 • SÁBADO
I-14A

14/12 • DOMINGO

I-15A

15/12 • SEGUNDA

I-16A

16/12 • TERÇA

I-17A

17/12 • QUARTA
I-18A

18/12 • QUINTA
I-19A

19/12 • SEXTA
I-20A

20/12 • SÁBADO
I-24A

21/12 • DOMINGO

I-21A

22/12 • SEGUNDA

I-27A

23/12 • TERÇA

I-28A

24/12 • QUARTA

I-29A

25/12 • QUINTA

I-30A

26/12 • SEXTA

I-32A

27/12 • SÁBADO

I-33A

28/12 • DOMINGO

I-34A

29/12 • SEGUNDA

I-35A

30/12 • TERÇA

I-36A

31/12 • QUARTA

I-37A

Propósitos de Ano Novo

Anotações

Para antes e depois da meditação

Pelo sinal da Santa Cruz, + livrai-nos Deus, nosso Senhor, + dos nossos inimigos, + em nome do Pai, do Filho e do Espírito Santo. Amém.

Antes:

Meu Senhor e meu Deus, creio firmemente que estás aqui, que me vês, que me ouves. Adoro-Te com profunda reverência; peço-Te perdão dos meus pecados e graça para fazer com fruto este tempo de oração. Minha Mãe Imaculada, São José, meu Pai e Senhor, Anjo da minha Guarda, intercedei por mim.

Depois:

Dou-Te graças, meu Deus, pelos bons propósitos, afetos e inspirações que me comunicaste nesta meditação; peço-Te ajuda para os pôr em prática. Minha Mãe imaculada, São José, meu Pai e Senhor, Anjo da minha Guarda, intercedei por mim.

Para o bem das almas
e a maior glória de Deus,
estas páginas foram impressas
no ano de 2024 para a
Quadrante Editora.

OMNIA IN BONUM